AF222707

A u torghje si bei

Wein aus Korsika

Martin Sachse-Weinert

Herstellung und Verlag:

Books on Demand GmbH

Norderstedt 2010

ISBN: 978-3-8423-1933-2

Titelbild: Weinberge des Clos Culombu nahe Lumio, Korsika.

Alle Photos: Martin Sachse-Weinert

Inhaltsverzeichnis

Für Franziska und Chiara

A la croisée des vents et de la mer
Il est une terre de lumière
Où la force de la nature
Et de cœur des hommes
Ont révélé l'art du vin.

◄ Typisch korsische Panoramen: Weinbau vor Bergkulisse (links die Rebstöcke des *Clos Culombu* nahe Lumio) …

… und vor den endlosen Weiten des Mittelmeers (rechts die Pflanzungen der *Domaine Réserve du Président* bei Aléria). ►

Die *Île de Beauté* Korsika – Wein als Namensgeber?

Denkt man an französischen Wein, so kommen dem Weinliebhaber unwillkürlich die renommierten Anbaugebiete Bordeaux und Burgund in den Sinn, bei kurzem Nachdenken sicherlich das Elsass oder die Flusstäler von Loire und Rhône. Dass es neben diesen bekannten Regionen durchaus noch weitere gibt, deren Erkundung sowohl in preislicher als auch vor allem in qualitativer Hinsicht sehr bereichernd sein kann – nun, diese Erkenntnis ist zwar nicht neu, manchmal aber immer noch dem kundigen Connaisseur vorbehalten. Dabei scheint es auf der Hand zu liegen, dass es gerade die südlichen Gefilde sein müssen, die eine nähere Betrachtung wert sind, Anbaugebiete, die von der Sonne verwöhnt sind und teilweise ein ideales *Terroir* aufweisen. Grund genug also, einmal in den äußersten Süden Frankreichs zu blicken, selbst wenn man hierzu das Festland verlassen muss und sich auf einer Insel befindet, deren Einwohner die Zugehörigkeit zum Mutterland bis heute nicht immer akzeptieren wollen: Korsika, das nicht umsonst den Beinamen „Insel der Schönheit" trägt. Für den passionierten Weinliebhaber wie für den kundigen Connaisseur können wir konstatieren: zu Recht!

▲ „Nunc est bibendum" – Sonnenuhr am *Clos de Bernardi*, Patrimonio. Pierre de Bernardi ist Präsident der Winzergemeinschaft von Patrimonio und vertritt damit die Interessen von über dreißig Weinproduzenten.

Die korsische Küche –
der ideale Begleiter zum Wein (*et vice versa*)

Dabei gilt auch für diese Insel, dass zu einem Leben wie Gott in Frankreich nicht nur das Trinken (und hier natürlich insbesondere der Wein), sondern auch das Essen zählen. Die traditionelle Küche Korsikas vereinigt aufgrund ihrer Insellage und der auch dadurch bedingten wechselvollen Geschichte mit Invasoren aus den verschiedenen Himmelsrichtungen die kulinarischen Einflüsse sowohl der genuesischen als auch der ligurischen, natürlich aber auch der provençalischen und der sardischen Küche, wobei ihr letztere rein geographisch die nächste ist. Dabei mussten Rezepte und kulinarische Gepflogenheiten den Gegebenheiten der korsischen Landschaft angepasst werden: Aufgrund des Waldreichtums und der hohen Gebirgszüge ist eine Kultivierung von Gemüse oder Ackerbau in größerem Umfang kaum möglich. Da sich in der Vergangenheit die Siedlung an der Küste zumeist als gefahrenreich erwiesen hat, greift die Küche in erster Linie das Angebot der Bergregionen auf: Ihren typischen Geschmack bekommen die vorherrschenden Fleischgerichte, Eintöpfe und Suppen insbesondere von den Kräutern der heimischen *Macchia* und *Garigue*, also von Thymian, Majoran, Rosmarin, Basilikum, Salbei und Myrthe. Hartnäckig hält sich deshalb die Sage, dass Napoléon einst festgestellt habe, er könne seine Heimat bereits vom Meer aus am Geruch erkennen – eine Behauptung, die jeder – Einheimischer wie Tourist – noch heute nachvollziehen bzw. „nachriechen" kann.

▲ Bestandteil vieler korsischer Gerichte: das verwilderte Hausschwein oder zahme Wildschwein.

Schwarze Schweine bilden die Grundlage vieler korsischer Fleischgerichte, wobei unklar ist, ob es sich um verwilderte Hausschweine oder (relativ) zahme Wildschweine handelt – delikat sind sie allemal, sei es als schmackhafter Braten, geschmort oder als Salami- und Schinkenspezialität. Daneben sind Schafe und Ziegen von herausgehobener Bedeutung, entweder als Fleisch- oder als Milchlieferanten. Letztere ist Basis für eine Käsespezialität, *la brousse* oder *brocciu*, die wiederum als Füllung für *Omelettes* mit Minze, Krapfen oder Mürbeteigkuchen Verwendung findet.

Suchen muss man deshalb manchmal ein wenig das Angebot, das durch das umgebende Mittelmeer bereit gestellt wird: Goldmakrelen, Seebarben, Barsche, Langusten, Tintenfische, Seeigel und Austern werden täglich frisch gefangen und delikat zubereitet.

Einige der Nahrungsmittel, die heute am verbreitetsten und damit Grundlage vieler Gerichte sind, gelangten freilich erst im 16. Jahrhundert auf die Insel: Sowohl die Kastanie als auch Feigen-, Maulbeer- und Olivenbäume sind nicht mehr wegzudenken aus der korsischen Flora. Erstere ist beispielsweise Hauptbestandteil der sog. *Puleta* (*de châtaignes*, eine Art Polenta aus Kastanienmehl) und stellt zugleich das Rohmaterial für die Fässer dar, in denen korsischer Wein häufig gelagert wird und in denen er sein typisches, unverwechselbares Bouquet erhält, im Unterschied zum *barrique*-Goût des Festlandes, der den Eichenholzfässern des Allier, der Nièvre und vor allem des Limousin zu verdanken ist – womit wir beim eigentlichen Thema angelangt sind: dem korsischen Wein.

Geschichte des Weinbaus auf Korsika – Höhen(-lagen) und Tiefen

Über den Beginn des korsischen Weinbaus kursieren verschiedene Erklärungen: Während die einen eine bedeutende Funktion bereits in der Antike belegen zu können glauben, führen andere die italienische Hafenstadt Genua und die frühe Neuzeit als Ursprung korsischer Weinseligkeit sowie damit zusammenhängender Handelsaktivitäten an. Überzeugender erscheinen die Aussagen einheimischer Winzer und Zitate aus historischen Quellen, die belegen, dass bereits in der Antike die Rebe ein wichtiger Teil des traditionellen Anbaus der Insel gewesen sei. Korrekt ist auf jeden Fall, dass sowohl Phönizier, Phokäer, Karthager und später auch Römer die Entwicklung durch den Anbau bestimmter Rebsorten förderten. So haben angeblich Griechen aus dem kleinasiatischen Phokaia schon im 6. Jahrhundert vor Christus den Wein von Alalia (heute: Aléria) zu ihrem Lieblingsgetränk erkoren. Während der römischen Herrschaft erlebten die Reben dann in mehr als 30 Küstenstädten eine Blütezeit; einen Beleg hierfür liefert Vergilius, der bereits 35 v. Chr. die Meinung vertrat, der Wein aus der Balagna sei überaus bekömmlich. Mit dem Niedergang des *Imperium Romanum* verwilderten dann jedoch auch die Anbauflächen und gerieten über Jahrhunderte in Vergessenheit.

▲ Detail einer antiken Vase (Ausstellungsstück im *Musée D'Archéologie Jérôme-Carcopino* in Aléria).

Ebenso wie wir dies auch andernorts beobachten können, erfolgte ein Neuanfang des Weinbaus auf Korsika durch klerikales Wirken: Nachdem sich Korsika 1078 unter die Herrschaft des Papstes gestellt hatte, wurde die Verwaltung durch das italienische Verwaltungszentrum Pisa wahrgenommen. Vielleicht um sich von den bekannten toskanischen Weinen abzuheben und um

Auserlesenheit zu demonstrieren, gingen die Adligen und Kirchenherren der Kleinstadt dazu über, Wein aus Korsika zu konsumieren – und leiteten damit über die Klöster die Renaissance des Weinbaus auf Korsika ein. Einen augenscheinlichen Beleg hierfür bietet noch heute das Weingut *Clos Reginu E Prove* in der Balagna, dessen zwei Bestandteile „Reginu" (= Gottesmutter und Himmelskönigin Maria) sowie „Prove" (= kirchlicher Würdenträger) auf die Bedeutung der Religion verweisen. Es verwundert deshalb nicht, dass im 16. Jahrhundert sogar im Vatikan ein Fresko entstand, das den Reben und Trauben aus Korsika gewidmet ist!

▲ Zufahrt zum *Clos Reginu E Prove* (Domaine Maestracci) in der Balagna nahe Feliceto.

Am 6. August 1284 fand bei Meloria (nahe Livorno) die größte Seeschlacht des Mittelalters statt, in deren Verlauf Genua über Pisa triumphierte und im Anschluss die Oberhoheit auch über Korsika einforderte. In der Folge wurden dort mehrere Gesetze erlassen, die den Weinbau betrafen und seine Ausdehnung fördern sollten: So bestimmte ein Erlass aus dem Jahr 1572, dass alle korsischen Familien mindestens vier Rebstöcke pflanzen sollten. Ergänzt wurde er kaum hundert Jahre später durch eine Verordnung, die den Anbau mindestens eines Obst- oder Olivenbaums (oder alternativ von 20 Rebstöcken) einforderte. Diese Politik der Sieger zeitigte Erfolge vor allem im Norden Korsikas (am *Cap Corse* und in der

Castagniccia, der Region zwischen Bastia und Aléria): Noch heute finden sich dort die größten Anbauflächen der Insel!

Im Jahre 1768 dann trat Genua aufgrund des Vertrags von Versailles die Insel dem Königreich von Frankreich ab (was auch zur Folge hatte, dass der 1769 in Ajaccio geborene Napoleone Buonaparte zwar einen italienischen Namen trug, dennoch aber französischer Staatsbürger war). Trotz dieser Entwicklung verstärkte sich der Handel mit Norditalien und damit eine Erweiterung der Anbauflächen auf ca. 30.000 ha (1873); damit lebte etwa 2/3 der Bevölkerung direkt oder indirekt vom Weinbau! Dies ist umso erstaunlicher, als Mehltau- und Reblaus-Epidemien um 1850 einen Teil der Rebstöcke zerstört hatten. Einen ebenso gewaltigen wie nachhaltigen Einbruch verursachten dagegen Wirtschaftskrisen sowie die Auswirkungen des Ersten Weltkriegs: Der Weinbau reduzierte sich auf 5.000 ha und erreichte auch in der Nachkriegszeit, im Jahr 1950, gerade einmal wieder 8.000 ha.

Während all dieser Jahrzehnte blieb korsischer Wein jedoch immer als bedeutendes Wirtschaftsgut in den Köpfen (und als wohl schmeckendes Labsal in den Gaumen) der Insulaner und ihrer Besucher: So betont der deutsche Geograph Matthias Christian Sprengel in seinen *Beiträgen zur Völker- und Länderkunde* aus dem Jahr 1788, erwähnenswert seien „Oel aus der Balagna und […] Wein von Capo-Corso", während der deutsche Schriftsteller und Historiker Ferdinand Gregorovius in seinem Buch *Corsica* aus dem Jahr 1852 schreibt: „Viel Oel und Wein gedeiht an den

Abhängen und die Füße der Höhen bedeckt Taxus und anderes Gesträuch von Mirten, Albatro und Tinus, aus dessen Blüten die Biene den Honig saugt." Er fährt in seinen Schilderungen dann fort mit einer Erzählung, weshalb ein Sumpfgebiet in der Nähe Calvis *vigna del vescovo* (= der Weingarten des Bischofs) heißt.

In den 1970er Jahren schaffte es der korsische Wein dann sogar in die Schlagzeilen der europäischen Presse, allerdings nicht aufgrund seiner Güte: Der französische Rückzug aus der ehemaligen Kolonie Algerien hatte zur Folge, dass ab 1962 Tausende von sog. *pieds noirs* auf Korsika angesiedelt wurden. Aufgrund steuerlicher Vorteile und Subventionen hatten diese einen Großteil der Weinproduktion übernehmen können, in einem Rausch der Expansion allerdings nicht nur legale Methoden beim Weinbau angewandt: Der Skandal um unerlaubte Zuckerbeigaben (*chaptalisation*) in den Wein führte zu einer deutlichen Abwertung des guten Rufs – mit entsprechenden Folgen für Handelsvolumen und Preis. So wurde der Rebensaft als Mengen- und billiger Landwein aus den Monokulturen im Osten Korsikas vor allem ins Languedoc geliefert, um dort als charakterlose Beimischung die Tischweine zu strecken. (Praktischerweise ließ sich das kriminelle Verhalten dieser Winzer nicht nur am Geschmack feststellen, sondern auch wirtschaftlich nachweisen: Der Zuckerimport auf die Insel steigerte sich von 300 Tonnen im Jahr 1961 über 12.500 Tonnen (1970) bis auf 22.000 Tonnen (1971) – obgleich es bereits ab der Ernte 1969 untersagt war, dem Most Zucker beizumischen!)

Es sollte Jahre dauern, bis sich der korsische Wein von diesem Rufschaden wieder erholt hatte. Heute ist es soweit, der *u vinu di petra* (= der Wein von Petrus) erfreut sich wieder bester Reputation. Sein neues Renommee kommentierte der Präsident des korsischen Weinwirtschaftsverbandes *CIV Corse*, Jean-Marc Venturi, bereits 2006 mit den Worten: „Der korsische Weinberg ist für Frankreich das, was die Neue Welt für den Weinsektor ist." Jedenfalls ist das Motto der damals gestarteten Kommunikationskampagne aufgegangen: *Un secret enfin partagé* – „ein schließlich geteiltes Geheimnis" ist Wein aus Korsika inzwischen auf jeden Fall!

◄ Wilder Wein als Terrassenüberdachung des Restaurants *U San Carlo* in Speluncato; im Hintergrund der Turm der Dorfkirche *Sainte Croix*.

Weinbau auf Korsika heute – Zahlen und Fakten

Heutzutage umfasst das gesamte insulare Weinbaugebiet knapp 7.000 ha mit einem Ertrag von etwa 370.000 hl, wovon lediglich 2.730 ha dem Anbau von AOC-Weinen gewidmet sind (99.000 hl). Damit liegt Korsika an dritter Stelle der Mittelmeerinseln, auf denen der Weinbau eine bedeutsame Rolle spielt; lediglich Sizilien und Sardinien produzieren mehr. Um die kleinen Anbauflächen effektiv bewirtschaften zu können (die Produktivität liegt im Durchschnitt bei 54 hl/ha, wobei sie für die AOC-Regionen nur 40 hl/ha beträgt), geht man immer mehr vom traditionell freistehenden Gobelet-Anbau zur Guyot-Erziehung an Spalieren und Drahtrahmen über, die vielerorts eine maschinelle Lese ermöglichen. Dies hat auch zur Folge, dass während der Lese fast durchgehend in den Weinbergen gearbeitet wird, da insbesondere die weißen Trauben vorzugsweise nachts eingebracht werden, wenn die Sonne nicht herab brennt.

Die gesamte Weinwirtschaft lässt sich in drei verschiedene Bereiche differenzieren: So umfasste 2009

- die Produktion von Landweinen und sortenreiner Weine 59,2 %,

- der Anbau von AOC-Weinen 35,5 % sowie

- die Lese von Tischweinen 5,3 %.

◄ Die *Casa Vinu* in Calvi, die nicht nur über 1.500 verschiedene Flaschen vorrätig hat und ein kleines Speisenangebot bereit hält, …

… sondern darüber hinaus auch einen augenscheinlichen Überblick über die korsischen (ja alle französischen) Anbaugebiete liefert. ►

In neun verschiedenen AOC-Weingebieten (*Appellation d'Origine Controlée*), die über die ganze Insel verteilt sind und seit 1968 ausgewiesen werden, finden wir aktuell 107 AOC-Domänen:

- zwei *Appellations principales* mit dem Zusatz *cru* (*Ajaccio* und *Patrimonio*),

- fünf *Appellations* vom Typ *Corse villages* (*Calvi*, *Sartène*, *Figari*, *Porto-Veccio* und *Coteaux du Cap Corse*),

- eine Appellation vom Typ *régional* (*Vins de Corse*) sowie

- eine Appellation für Süßweine (*Muscat du Cap Corse*).

▲ Bei einem Besuch im Norden Korsikas ist ein Glas – oder sind mehrere Gläser – Muscat ein „Muss"; hier in der *Osteria di San Martinu* in Patrimonio.

Zur zweitgrößten Appellation *Corse* mit ihren 23 Weingüter (*Patrimonio*: 33 inklusive *Muscat du Cap Corse*) gehören auch vier Genossenschaften, während die kleinste (Porto-Veccio) lediglich vier Weingüter umfasst. Jean-Luc Guidicelli vom *Cave Cooperative de la Casinca* vertritt die *Vignerons de l'Île de Beauté* und ist stolz auf Qualität und Quantität des Weins, dessen Vertrieb er von Vescovato aus organisiert: „Wir produzieren in der Domäne *Réserve du Président* jährlich eine halbe Million Flaschen hervorragenden Weins, unsere Läden finden Sie drei Mal auf Korsika, einmal in Nizza und einmal in Paris. Und wenn Sie aus München kommen: Auch dort sind wir mit einem Repräsentanten vertreten!"

Für korsische Weine sind drei Trauben charakteristisch:

- die rote Rebsorte *Sciaccarellu*, die ihren Namen von craquant (= knackig) ableitet und am besten an die Verhältnisse auf Korsika adaptiert ist (15 % Anbaufläche); sie verfügt über ein eher pfeffriges Bouquet und erinnert in ihren Aromen an Mandel und Cassis;

◄ Sonnenverwöhnte Reben in korsischen Weingärten; hier in der *Domaine Casabianca* in Linguizetta.

- die ebenfalls rote Traube *Niellucciu*, die ihre Verwandtschaft mit der italienischen Sangiovese-Traube nicht verbergen kann und 35 % des Anbaugebietes auf Korsika bedeckt; ihre kräftige Tanninstruktur unterstützt das Aroma von roten Beeren, Veilchen, Gewürzen und Aprikosen;

- die *Vermentinu*-Traube (auch: *Malvoisie de Corse*) für die weißen Weine, die mit ihren Blüten-, Mandel- und Apfelaromen auch zum Erfolg charaktervoller Roséweine beiträgt (17 % der Anbaufläche).

Damit machen diese drei Traubensorten beinahe 70 % des Gesamtanbaus aus. Zu den weiteren bekannten Rebsorten zählen *Aleatico*, *Barbirossa*, *Brandica*, *Carcaghjola*, *Codivarta*, *Bianco Gentile*, *Genovèse*, *Movescone*, *Paga debiti*, *Rimenèse* und *Rugughonna*. Bei den Dessertweinen wird zudem zwischen einem honigfarbenen Muscat sowie dem *Rappu* (Roséwein) aus spät gelesenen Grenache- und Aleatico-Trauben unterschieden, die im Herbst gut zwei Wochen lang auf Steinterrassen getrocknet werden, ehe sie gepresst und zu einem natursüßen Vergnügen vergoren werden.

Interessant ist dabei vor allem die außergewöhnliche, für Korsika typische Mengendifferenzierung der AOC-Weine: An der Spitze liegt der Rosé mit 55 %, gefolgt von Rotweinen (33 %) und Weißweinen (10 %), während der Muscat trotz seiner Verbreitung vor allem im Norden gerade einmal auf 2 % am Gesamtvolumen kommt.

Neben diesen „klassischen" Weinsorten finden wir auf der Insel noch zahlreiche Liköre und Obstweine, darunter Mandarinenlikör und -wein, Orangenwein, Arbutuslikör (aus der Frucht des Erdbeerbaums) sowie vor allem Myrthen- sowie Kastanienlikör.

All diese Trauben wachsen auf sehr unterschiedlichen Böden mit den verschiedensten klimatischen Bedingungen heran: So finden wir im Westen vorrangig Granitgestein, im Norden Schiefer, auf Cap Corse Kalkstein, um Patrimonio herum Tonerde sowie im Osten hauptsächlich Mergel- und Schlammlandschaften; der Geschmacksreichtum korsischer Weine liegt damit auch in den Gaben der Natur begründet, die hier so einzigartig auf engem Raum zu finden sind. François-Noël Mercury, ehemaliger Philosophielehrer, Buchautor (*Vignes, Vins et Vignerons de Corse*, 1981) und Winzer im Ruhestand, fasst dies so zusammen: „Korsika ist eine Art Geologiemuseum, das über eine Sammlung von Granit des Hermitage-Berges oder aus dem Beaujolais, Schiefer aus dem Anjou oder von der Côte Rôtie und Kalk aus dem Saumur oder dem Burgund verfügt."

Ingesamt lässt sich konstatieren, dass der Weinbau (und seine Flächen) immer mehr zurückgehen: Entsprechende Unterstützungsmaßnahmen der Europäischen Union zur Reduzierung haben insbesondere in Korsika gravierende Auswirkungen, da hier das gesamte Anbaugebiet nur sehr klein ist.

Kommt es dann – wie im Sommer immer wieder – zu verheerenden Bränden mit Schädigungen der Rebstöcke, so geht der Ertrag nochmals zurück, der doch immerhin 30 % aller Einnahmen aus der Landwirtschaft erbringt. Dies mag auch erklären, weshalb korsischer Wein trotz seiner unverkennbaren Güte im Ausland kaum bekannt ist: Ein Großteil der Produktion wird bereits auf der Insel konsumiert, was sicherlich auch an den hohen Transportkosten liegt, die bei seiner Verschiffung anfallen und einen etwa zehn- bis zwanzigprozentigen Preisanstieg pro Flasche bedingen. Vielleicht liegt es aber auch daran, dass es insbesondere die Landweine sind, die exportiert werden (70 %), weniger die qualitativ hochwertigen AOC-Weine (30 %) – ein Beleg für den guten Geschmack der Korsen!

▲ Die Degustation des Weins vor Ort und der anschließende Heimtransport im eigenen Auto steigern die Freude am Weingenuss. Es ist allerdings fraglich, ob ein Kleintransporter dieser Aufgabe nicht eher gerecht würde … (Cabrio fahren und Pferde reiten in der *Domaine Réserve du Président*).

Unterwegs auf den *Routes des Vins Corses* – und abseits der *Strada Vinaghjola*

Bei unserer Darstellung und Bewertung korsischer Weine werden wir uns auf einige herausragende Beispiele beschränken, zu groß sind die klimatischen Unterschiede und Differenzierungen in Bezug auf das *Terroir*. Dies hat auch zur Folge, dass kaum generelle Aussagen zu Jahrgangs-qualitäten und Lagerungsverhalten möglich sind, wenngleich übereinstimmend die Jahre 2009, 2007 und 2001 bei den Weißweinen als *exceptionelle* eingestuft werden (*très grande*: 2006, 2004, 1998; *grande*: 2008, 2003, 1999). Für die Rotweine gilt dagegen: 2007, 2001 als *exceptionelle*; 2009, 2005, 2004, 1998 als *très grande*; 2008, 2003, 2000, 1999 als *grande*. Unterschiedlichste Bodentypen und gravierende klimatische Varianzen bedingen damit zugleich, dass Prognosen über die Güte des Jahrgangs 2010 ganz verschieden ausfallen – je nachdem, in welchem Anbaugebiet man sich gerade befindet, wie die folgenden Aussagen belegen.

Werfen wir also einen Blick in die verschiedenen AOC-Weinbaugebiete der Insel mit ihren jeweiligen Besonderheiten, wobei wir herausragende Vertreter des dortigen *Savoir-faire* benennen. Eine der Grundlagen dieser Bewertung ist dabei die Degustation, die zu Beginn dieses Jahres im Hotel-Restaurant *La Corniche* in San Martinu di Lota bei Bastia stattgefunden hat. Neben einigen heimischen Winzern nahmen u. a. auch Christian Voeux (Directeur des *Château La Nerthe*, Châteauneuf-du-Pape) sowie Christophe Talon (Restaurant *Aux Vents d'Anges* in l'Île Rousse) teil und gaben ihre Stimme ab.

- Die Appellation d'Origine Contrôlée AJACCIO wurde im April 1984 als autonomes AOC-Anbaugebiet mit dem Rang eines *cru* eingetragen, nachdem sie bereits seit 1971 AOC-Gebiet war. Über etwa 220 ha erstreckt sich das so genannte Königreich der *Sciaccarellu*-Traube. 2010 wird hier ein guter Jahrgang erwartet – trotz des Mehltau-Befalls im Frühsommer insbesondere bei den Rebstöcken der Grenache-Traube, dessen Bekämpfung vor allem die Bio-Winzer vor diverse Probleme gestellt hatte.

  Empfohlen wird:

  > ➤ Blanc Clos 2009. Clos Ornasca, 20117 Eccica-Suarella, http://clos-ornasca.monsite.wanadoo.fr.

- Die Appellation d'Origine Contrôlée CORSE erstreckt sich an der Ostküste zwischen Bastia und Solenzara und umfasst felsige, hohe

Bergterrassen ebenso wie weite Flächen, die direkt an das Meer grenzen. Fährt man auf der Hauptverbindungsstraße N198 vom Norden nach Süden, kommt man nicht umhin, immer wieder die Einfahrten zu diversen Weingütern zu passieren. Die Fahrt kann sich für den Weinliebhaber dadurch manchmal deutlich verlängern – zumal dann, wenn man auch wieder zurück muss und die gleiche Strecke von Süd nach Nord ebenfalls mit kurzen Abstechern zu den Winzern unterbricht!

Empfohlen werden:

> Blanc Président 2009. Cave Coopérative d'Aleria / Union de Vignerons de l'Île de Beauté, 20270 Cateraggio. http://www.uvib.fr.

> Moderato 1999. Domaine Casabianca, 20230 Linguizzetta. http://www.vinscasabianca.com.

- Die Appellation d'Origine Contrôlée CORSE CALVI, auch Balagna genannt, stellt von ihren Charakteristika her eine Fortsetzung der italienischen Toskana dar, wenngleich diese keine Rebpflanzungen bis auf 800 Meter über Meereshöhe aufweist. Viele heftige Winde erschweren – typisch überhaupt für Korsika – die Ausbreitung von Krankheiten über Sporen. Kaum Frost, 300 Sonnentage im Jahr und eine um das Sechsfache geringere Regenmenge im August und im September als in der Gegend um Bordeaux (bei gleichzeitig insgesamt höheren Niederschlagsmengen) sorgen für ideale klimatische Bedingungen für den Weinbau, ergänzt um das Wirken vieler junger, dynamischer Winzer, die immerhin 531 ha bewirtschaften. Auch hier hat 2010 außergewöhnlich viel Regenfall zur Ausbreitung des Mehltaus geführt, so dass über die Qualität derzeit noch keine verlässlichen Aussagen getroffen werden können.

▲ Hinweisschilder am Straßenrand, die allerdings manchmal nur zu einem oder zwei Weingütern führen.

Empfohlen werden:

> Rosé Fiumeseccu 2009. Domaine d'Alzipratu, 20214 Calenzana. http://www.domaine-alzipratu.com.

> Rouge Ribbe Rosse 2007. Clos Culombu, 20260 Lumio.

> Rouge Villa Maestracci 2006. Domaine Maestracci, 20225 Muro. http://www.domaine-maestracci.com.

• Die Appellation d'Origine Contrôlée CORSE FIGARI umfasst sechs Winzer und stellt die südlichste Weinbauregion Frankreichs dar. Die ersten Anpflanzungen von Reben auf der Insel überhaupt sollen hier im 6. Jahrhundert vor unserer Zeitrechnung zu finden gewesen sein, ehe Malaria-Epidemien und Überfälle räuberischer Seevölker die Bevölkerung ins Landesinnere vertrieben und bis ins 18. Jahrhunderte eine nachhaltige Kultivierung der Rebstöcke verhinderten. Heute umfasst das gesamte Weinbaugebiet 110,6 ha mit einem Durchschnittsertrag von 29,9 hl/ha.

Empfohlen werden:

> ➢ Blanc Vinti Legna 2008 und Rosé Prestige 2009. Domaine Petra Bianca, 20131 Pianottoli.

> ➢ Rouge Marc-Aurèle 2008, Rouge Prestige Alexandra 2008 und Rouge Alexandra Grande Réserve 2007. Domaine de Tanella, 20114 Figari.

- Die Appellation d'Origine Contrôlée MUSCAT DU CAP CORSE / COTEAUX DU CAP CORSE ist Heimat des angeblich besten Winzers der Insel, Jean-Noël Luigi, der hier auf nur 6 ha sein kleines Weingut *Clos Nicrosi* nahe Rogliano bewirtschaftet. Tatsächlich ist sein trockener Weißwein ein Gedicht, obwohl diese Gegend eher ein typisches Anbaugebiet der roten Nielucciu-Traube ist. Jedenfalls verwundert es nicht, dass diese Gegend 1993 als derzeit letzte AOC-Region Korsikas ausgewiesen wurde. 2010 wird für Weißweine eine herausragende Qualität erwartet, die Rotweine werden voraussichtlich über ein sehr gutes

Lagerpotenzial verfügen. Und der Rosé? Wer sich mit einem leicht mineralischen Geschmack anfreunden kann, wird auch hier auf seine Kosten kommen.

Empfohlen wird:

> ➢ Blanc Domaine 2009 und Rouge Murteda 2008. Domaine Pieretti, 20228 Luri. http://www.vinpieretti.com.

- Die Appellation d'Origine Contrôlée PATRIMONIO umfasst sieben Gemeinden und gründet ihren Ruhm auf die kalkhaltigen Böden aus dem Miozän, die hervorragende Grundlagen für die *cru*-Weine bereitstellen. Nur konsequent ist es, dass diese Region demzufolge auch *Conca d'Oru* genannt wird. Dieses Jahr gestaltet sich in Patrimonio eher untypisch, da kräftige Winde bislang ausblieben und die Monate März und April relativ regenlos waren. Die Winzer rechnen deshalb mit Einbußen bei der Ernte, die im Schnitt auf 388,2 ha etwa 10.000 hl erbringt, sich aufgrund des Wetters diese Saison aber voraussichtlich länger hinziehen wird als in den vergangenen Jahren.

◀ Verkehrsschilder in Patrimonio. Der unterste Hinweis allerdings erscheint eher unangemessen …

Empfohlen werden:

> ➢ Blanc 2009. Domaine de Catarelli, 20253 Patrimonio.

> ➢ Rouge Agriates 2008. Domaine Giacometti, 20246 Danto Pietro Di Tenda.

> ➢ Muscat 2009. Domaine Giudicelli, 20232 Poggio d'Oletta.

> ➢ Rosé 2009. Domaine Leccia, 20232 Poggio d'Oletta. http://www.domaine-leccia.com.

> ➢ Rouge Andria 2006. Domaine Montemagni, 20243 Patrimonio. http://www.domainemontemagni.com.

> ➢ Muscat 2009. Domaine Santamaria, 20232 Oletta.

- Die Appellation d'Origine Contrôlée CORSE PORTO-VECCIO führt alte Traditionen fort, da bereits die 383 v. Chr. gegründete Hafenstadt Portus Syracusanus Ausgangspunkt für den Export von Wein war. Insbesondere in dieser Region wird zudem seit der Römerzeit Kork gewonnen, was in dieser Weingegend von überregionaler Bedeutung ist. Heute werden auf etwa 120 ha vor allem Nielluciu- und Sciaccarellu-Trauben gewonnen, die – zusammen mit Grenache-Rebstöcken – elegante und ausgewogene Rotweine ergeben.

Empfohlen werden:

> ➢ Rouge Prestige 2008. Fior di Lecci, 20137 Porto Veccio.

> ➢ Blanc Domaine 2009. Domaine de Granajolo, 20144 Ste Lucie de Porto Vecchio.

- Die Appellation d'Origine Contrôlée SARTÈNE schließlich, auch „Seele des Südens" genannt, produziert Weine, die synästhetisch an den Anblick erinnern, den das Bergdorf bei einer Anfahrt von Süden aus bietet: wuchtig, zunächst abweisend und unzugänglich, dann (bei der Einfahrt) bemerkenswert lebendig und kräftig. Auf jeden Fall werden auf 152,4 ha Weine mit starker Persönlichkeit produziert, Abbild wiederum der Winzer in diesem Gebiet, die ihre Domänen dem unwegsamen *Terroir* abtrotzen mussten und teilweise – wie 2009 – unter unbarmherziger Sommerhitze leiden.

Empfohlen werden:

> ➢ Rouge Lion 2007. Domaine Pero Longo, 20100 Sartène. http://www.perolongo.com.

> ➢ Rouge Domaine 2009. Domaine Saparale, 20100 Sartène. http://www.saparale.com.

Bei unseren Betrachtungen zu den Weinen auf Korsika wollen wir uns nicht nur auf eingetretenen Pfaden und bekannten Weinhügeln bewegen.

Erwähnenswert erscheint uns vor allem eine junge Generation Winzerinnen und Winzer, die von ihren Vorfahren neben den Anbauflächen ebenso die Leidenschaft für Wein geerbt, aus einem modernen Verständnis heraus aber zugleich eine neue Dynamik in Bezug auf Qualität (und damit einhergehend häufig auch biologischen Anbau) entwickelt hat.

Ein herausragendes Beispiel hierfür ist die junge Winzerin Stéphanie Olmeta, die in Patrimonio ein kleines Gut von ihren Großeltern übernommen hat und gemeinsam mit ihrem Mann bewirtschaftet. Der Familie gehören lediglich 8 ha, was in dieser Gegend jedoch die Norm darstellt und lediglich von drei Großgrundbesitzern (zwischen 30 und 100 ha) übertroffen wird. Seit 2006 hat sie die Produktion übernommen und füllt jährlich 23.000 Flaschen ab. „Von diesen verkaufen wir etwa 80 % direkt vor Ort. Das bedeutet, dass der Laden ständig besetzt sein muss – zum Leidwesen unserer Kinder, denn gerade auch in der Zeit, in der am meisten auf den Feldern und im Keller gearbeitet werden muss – im Sommer –, haben sie Ferien." Zwar ist der Jahrgang 2008 noch nicht offiziell im Verkauf und sollte auch noch einige Jahre gelagert werden, doch was die Winzerfamilie hier auf der Grundlage der Niellucciu-Traube anbietet, verrät bereits jetzt enormes Potenzial und lässt Vorfreude auf die kommenden Jahre aufkommen. Wir drücken Stéphanies Söhnen die Daumen, dass sie bald die Liebe ihrer Eltern und Großeltern zum Rebensaft teilen werden – und damit auch Verständnis entwickeln für fehlende Urlaubstage, damit auch wir uns noch lange an den Weinen dieser Domäne erfreuen können!

▲ Stéphanie Olmeta und Martin Sachse-Weinert vor dem Keller der Winzerin in Patrimonio.

Perspektiven –
Biodynamik und Genossenschaften

Interessant ist ein Blick in die Zukunft des korsischen Weins, der aufgrund der erwähnten subventionierten Mengenreduktionen auf fortwährendes Engagement angewiesen ist. Fortschritt und Modernität, Tradition und Typizität werden dabei gerne als Charakterstärken und Zukunftsperspektiven speziell korsischer Weine genannt. Eric Mialhe, der für die *SCA Union de Vignerons de l'Île de Beauté* in München als Marketing-Manager arbeitet, richtet seine Erwartungen vor allem auf eine Ausweitung des biodynamischen Anbaus, selbst wenn die Regularien sehr streng sind, um in entsprechende Klassifikationen aufgenommen zu werden: „Die klimatischen Bedingungen erfordern manchmal eine stärkere Einflussnahme durch den Winzer, um Krankheiten verhindern zu können. Und bereits kleine Eingriffe verhindern dann, dass Zertifikate verliehen werden können."

Diverse Maßnahmen sollen dazu beitragen, dass der Weinbau zukunftsfähig bleibt, darunter ein Aktionsplan in den letzten Jahren, der vier große Zielrichtungen verfolgte:

- Schaffung einer strukturierten Erzeugerregion, die kollektive und strategische Maßnahmen plant und umsetzt;

- Optimierung der Produktion und Umsetzung einer auf Nachhaltigkeit angelegten Entwicklung, was unter anderem die Ausarbeitung einer „Charta der guten Weinbaupraktiken", ein Diagnosesystem im Weinbau sowie eine qualitativ hochwertige Ausbildung der Winzer und Oenologen beinhaltet;

- Erweiterung der Produktpalette, wozu beispielsweise das Forschungszentrum C.I.V.A.M. Viticole beitragen soll, zudem die Entwicklung und Förderung von Qualitäts-sicherungsmaßnahmen und schließlich

- verstärkte Absatzförderung korsischer Erzeugnisse, das heißt eine deutliche Aufstockung von Werbevorhaben, die Maßnahmen zur Imageverbesserung einschließen.

Eric Mialhe jedenfalls sieht den Fortbestand des Weinbaus insgesamt gesichert: „Der Zusammenschluss zu Genossenschaften, die hervorragende Weine produzieren, und die Tatsache, dass über die Hälfte des korsischen Weins auf der Insel selbst konsumiert werden, tragen dazu bei, dass Wein auch zukünftig für Korsika eine wichtige Rolle spielen wird."

▲ Auch in Einkaufsmärkten auf Korsika findet sich eine reichhaltige Auswahl des heimischen Angebots (links: kleiner Laden bei Moriani-Plage). Daneben bieten die Keller der Winzer (rechts: *Domaine Louis Montemagni*, Patrimonio) oder Verkaufsräume der Kooperativen beste Einkaufsmöglichkeiten – wenn man nicht Gelegenheit hat, Weinfeste selbst zu besuchen ...

Dies erscheint umso bedeutsamer, würde andernfalls der in der Überschrift genannte altkorsische Trinkspruch doch allmählich in Vergessenheit geraten: „Am besten trinkt's sich direkt an der Weinpresse." (frei übersetzt).

So erscheint das Motto, das Stéphanie Olmeta auf der Rückseite ihrer Flaschen abdruckt, als Wahlspruch, der symptomatisch für die ganze Insel gelten kann: *C'est dans le respect de la nature, l'amour de la vigne et du travail bien fait que la noblesse du métier de vigneron prend tout son sens.*

Hilfreiche Internet-Adressen

(Stand: September 2010)

- Conseil Interprofessionnel des Vins de Corse (CIV, seit 1996; korsischer Weinwirtschaftsverband, der – einzigartig in Frankreich – sowohl die Interessen der AOCs als auch die der Landwein-Produzenten vertritt)

  ➢ Startseite:

     http://www.vinsdecorse.com/.

  ➢ Verzeichnis der AOC-Produzenten nach Gebiet:

     http://www.vinsdecorse.com/pdf/les_vignerons.pdf.

- Union des Vignerons de l'île de Beauté, Startseite auf Deutsch:

  http://www.uvib.fr/allemand/presentation.html.

- Union des Vignerons Propriétaires de Caves d'Appellations Contrôlées des vins de Corse (UVA Corse, seit 1977; Verband, der Winzer fast aller korsischer Appellationen vereinigt mit eigener Weinbereitung, Flaschenabfüllung und Vermarktung):

http://www.uva-corse.com/.

- C.I.V.A.M. de la Région Corse (Forschungsinstitut für korsische Weine):

  http://www.civam-corse.com/.

- Zeitschrift „Guide: Vins et Produits Corse" mit aktuellen Informationen:

  http://www.nustrale.com/start_vin.html.

- Internetauftritt der Winzer aus der Region Ajaccio:

  http://www.lesvigneronsdajaccio.com/.

Zum Autor:

Martin Sachse-Weinert (*14.10.1964 in München), studierte Germanistik sowie Geschichte für das Lehramt Gymnasium und war sechs Jahre lang an einem bayerischen Gymnasium als Lehrer tätig, ehe er in die Bildungsadministration wechselte. Neben diversen Publikationen zu pädagogischen, germanistischen und historischen Themen beschäftigt er sich seit einigen Jahren mit dem Thema „Literatur und Wein", zu dem er auch Lesungen anbietet. Bereits erschienen sind Artikel in Fachzeitschriften und sein Buch „In vino varietas – Wein in der Literatur" bei Books on Demand 2010.